AF613813

HOMELIE XXVI.

POUR

LE TROISIÉME DIMANCHE

APRÉS L'EPIPHANIE.

SUR

LE LÉPREUX

ET

LE PARALYTIQUE.

Par M. le Curé de S. Sulpice de Paris.

A PARIS,

hez RAYMOND MAZIERES, ruë S. Jacques, prés la ruë de la Parcheminerie à la Providence.

M. DCCVIII.

AVEC APPROBATION ET PRIVILEGE DU ROY.

TEXTE
DU SAINT EVANGILE
SELON SAINT MATHIEU.

EN ce temps-là, Jesus étant descendu de la Montagne, une grande multitude de peuple le suivit: & voilà qu'un Lépreux venant à luy l'adoroit, en luy disant; Seigneur, si vous voulez, vous pouvez me guerir: & Jesus étendant la main le toucha, luy disant; je le veux, soyez gueri: & aussitôt sa Lepre fut guerie, & Jesus luy dit: voyez de ne dire cela à personne, mais allez-vous montrer aux Prêtres, & presentez l'Offrande ordonnée par Moïse, afin qu'elle leur serve de témoignage.

Or étant entré dans Capharnaum, un Centurion vint le trouver, le priant & luy disant: Seigneur, j'ay un Serviteur, gisant dans ma maison affligé de paralysie, & qui souffre beaucoup : & Jeſus luy dit, j'iray & je le gueriray : mais le Centurion répondit, Seigneur, dit-il, je ne ſuis pas digne que vous entriez ſous mon toît, mais dites ſeulement une parole, & mon ſerviteur ſera gueri : car moy, qui ne ſuis qu'un homme, ſoumis à la puiſſance d'autruy, ayant neanmoins des ſoldats ſous moy, je dis à l'un, allez, & il va : & à l'autre, venez, & il vient, & à mon ſerviteur faites cela, & il le fait : Jeſus entendant ces paroles, fut dans l'admiration, & dit à ceux qui le ſuivoient : En verité, je vous dis que je n'ay point trouvé une ſi grande foy en Iſraël : Or je vous declare, que pluſieurs viendront d'Orient, & d'Occident, & s'aſſeoiront avec Abraham, Iſaac, & Jacob, dans le Royaume des Cieux, & que les enfans du Royaume ſeront jettez dans les tenebres exterieures; là il y aura des pleurs, & des grincemens de dents : Et Jeſus dit au Centurion, allez, & qu'il vous ſoit fait ſelon que vous avez crû, & ſon Serviteur fut gueri à la même heure.

Math. chap. 8. *v.* 1.

TEXTE SELON SAINT LUC.

OR aprés que Jesus eût achevé tout ce discours au peuple qui l'écoutoit, il entra dans Capharnaum : & il y avoit là un Centurion lequel avoit un Serviteur qui luy étoit cher, malade, & même prêt de mourir. Le Centurion entendant parler de Jesus, luy envoya les plus anciens d'entre les Juifs, le priant de venir & de guerir son serviteur : Ceux-ci étant venus à Jesus, le prierent instamment, luy disant : cet Officier est digne que vous luy accordiez cette grace ; car il aime nôtre Nation, & il nous a même bâti une Synagogue : Jesus donc s'en alloit avec eux, & comme il n'étoit plus guere loin de la maison, le Centurion luy envoya ses amis, disant, Seigneur, ne vous donnez point cette peine ; car je ne suis pas digne que vous entriez sous mon toît, c'est pourquoy je ne me suis pas crû digne de vous venir trouver, mais dites seulement une parole & mon Serviteur sera gueri : car quoy que je sois un homme soumis à la puissance d'autruy, ayant neanmoins des soldats sous moy, je dis à celuy-ci, allez, & il va : & à l'autre, venez, & il vient : & à mon ſerviteur, faites cela, & il le fait. Jeſus entendant ce diſcours, l'admira, & ſe retournant vers la troupe de ceux qui le ſuivoient, il dit : en verité je vous dis que je n'ay pas trouvé une ſi grande foy en Iſraël : & ceux qui avoient été envoyez par le Centurion, retournez à la maiſon, trouverent le ſerviteur qui avoit été malade, parfaitement gueri. *Luc. cap.* 7. *v.* 1.

HOMELIE VINGT-SIXIEME SUR LE LÉPREUX ET LE PARALYTIQUE.

L eſt certain qu'une des principales clefs pour entendre l'Ecriture, & qui ſert le plus à nous introduire dans l'intelligence de ſes ſacrées obſcuritez, eſt de ſçavoir la diſtinction du peuple Juif, & du peuple Gentil, laquelle nous y eſt trés-ſouvent inſinuée, & qui renferme le ſort de tout le genre humain, comme diviſé en deux claſſes : ce grand partage parut ſe faire dés la naiſſance du monde, en la perſonne des deux enfans d'Adam, les premiers Chefs dans l'ordre des temps de ces deux differens peuples, qui dés lors commencerent à ſe ſeparer : Caïn, l'aîné, fut la figure des Juifs, qui menerent Jeſus-Chriſt comme un autre Abel hors la ville de Jeruſalem, qui tremperent leurs mains ſacrileges dans ſon ſang, & qui par là devenus fugitifs par toute la terre de devant la face du Seigneur, ainſi que leur pere, tremblent à la vuë de celuy qu'ils ont attaché à une Croix, & portent par tout le ſigne de la circonciſion, que Dieu leur laiſſe, pour les diſtinguer des autres Nations de la terre, afin qu'ils ne ſoient pas exterminez ny confondus avec ces autres anciens peuples qu'on ne connoît plus que par l'Hiſtoire. Abel le puîné, avec ſa religieuſe poſterité fut la figure de Jeſus-Chriſt, & en luy de l'Egliſe des Nations, & du peuple fidelle, ſujet aux inſultes & aux perſecutions de ſon injuſte frere.

2°. Cette diſtinction ſe renouvelle ſous Noë, dont un des enfans attira la malediction, tandis que l'autre en fut beni, nouvelle figure de Jeſus-Chriſt, qui comme le vray Noë, enyvré d'amour pour l'Egliſe, cette vigne myſtique qu'il a plantée & arroſée de ſon ſang, s'eſt endormi dans le Tabernacle de ſa chair mortelle, & a découvert la honte de nôtre mortalité, tandis que le Juif, cet enfant impie & incredule, qui s'eſt mocqué de ſon Pere aſſoupi ſur la Croix, parce qu'il n'a vu en luy que l'ignominie de l'humanité, ſera maudit par ce pere éveillé du tombeau, & le Gentil fidele & reſpectueux mis en ſa place, *& benè in duobus populis maximo & minimo duo populi ſignificati*, dit ſaint Auguſtin.

l. 12. cont. Fauſt. c. 22.

3°. Ce même eſprit paroît ſans ceſſe dans la vie des

Patriar

Patriarches : ſous Abraham en la perſonne de Jacob & d'Eſaü, où l'on voit deux Peuples ſortir d'un même ſein, & dont le plus jeune, c'eſt à dire le Gentil, appellé le dernier à la lumiere de la Foy, l'emporte par deſſus ſon aîné : *Duæ gentes ſunt in utero tuo, & duo populi ex ventre tuo dividentur, populuſque populum ſuperabit, & major ſerviet minori.* Sous Jacob, qui prefera le jeune fils de Joſeph à l'aîné, c'eſt à dire le Chrétien au Juif, *frater ejus minor, major erit.* Sous Moïſe, qui ſur la montagne appuyant ſes deux bras ſur Aaron & Hur, devint l'image du Sauveur crucifié, dont la Loy devoit être portée par le Juif & le Gentil, & qui ayant envoyé des hommes reconnoître la Terre promiſe, en vit revenir deux, qui rapporterent ſur un levier la branche d'un ſep de vigne, d'où pendoit une grappe de raiſin d'une grandeur extraordinaire, figure des deux peuples qui devoient ſucceſſivement porter le joug de celuy qui ſeroit attaché au bois de la Croix, le Juif marchant le premier, & luy tournant le dos : le Gentil le ſecond ayant les yeux ſur luy.

Geneſ. 25. 22.

Geneſ. 48. 19.

Enfin le Nouveau Teſtament nous repreſente continuellement la même choſe : Tantôt c'eſt un Pere qui envoye ſes deux enfans travailler à ſa vigne, l'un dit qu'il y va de bon cœur, puis il ſe rebute, & n'y va pas, c'eſt le Juif : L'autre refuſe d'y aller, puis touché de regret il y va, c'eſt le Gentil. Tantôt c'eſt un pere lequel a deux enfans dont le plus jeune prodigue ſon patrimoine, & tombe dans la miſere : mais qui rentre enſuite en luy même, & qui vient demander miſericorde à ſon pere, c'eſt le Gentil :

l'aîné plein d'indignation & de jalousie, de la bonne reception qu'on fait à son frere, ne veut pas rentrer dans la maison paternelle, c'est le Juif.

Nous voyons un crayon de cette même verité dans l'Evangile d'aujourd'huy : le Sauveur descendant de la montagne, où il avoit prêché une doctrine qui devoit être commune au Juif & au Gentil, parce qu'elle perfectionne la loy, & fonde l'Evangile, trouve deux malades qu'il guerit l'un aprés l'autre : Premierement un Lépreux, secondement un Paralytique : le premier represente le peuple Juif, le second le peuple Gentil : la foy du premier est grande, mais la foy du second la surpasse, ainsi qu'il est aisé de voir par les reflexions suivantes.

PREMIERE CONSIDERATION.

Il n'y a aucun doute que le Lépreux, dont il est parlé dans l'Evangile d'aujourd'huy, ne fût Juif de Nation & de Religion, & que le Paralytique ne fût Gentil, ou infidele, en voicy les raisons.

1°. Premierement, le Sauveur aprés avoir purifié le Lépreux de sa lépre, luy ordonna d'aller trouver les Prêtres pour offrir par eux une Hostie en action de graces de sa guerison, & accomplir le reste des Ceremonies prescrites par la Loy de Moïse en semblable cas : *Vade, ostende te Sacerdoti, & offer pro emundatione tua munus quod præcepit Moyses :* Discours qui ne pouvoit s'adresser qu'à un Israëlite. Au contraire le Paralytique étoit un domestique d'un Officier Romain, *servus Centurionis*, & par consequent Gentil, comme le remarque saint Augustin : *Erat iste de Gentibus :* joint que Jesus-Christ disant de luy qu'il n'avoit pas trouvé tant de Foy en Israël, *non inveni tantam fidem in Israël* : montra visiblement qu'il n'étoit pas Juif. Le Sauveur exige du Juif des Sacrifices d'animaux, & du Gentil la seule Foy, ou le Sacrifice de sa raison : *Vade, & sicut credidisti fiat tibi.* s. 6. De verb. Do.

2°. La nature du mal de l'un & de l'autre nous découvre cette verité : La lépre étoit de tous les tems si commune parmi les Juifs, qu'il semble qu'elle leur fût propre : à peine en voit-on les autres peuples infectez : d'ailleurs c'étoit un vice de la chair, comme l'appelle saint Augustin, *vitium carnis*, figure des inclinations charnelles du Juif, tout sensuel, qui ne respiroit qu'aprés une terre découlante le lait & le miel, des troupeaux abondans & gras, des heritages, des possessions, des maisons, des femmes & des enfans, une famille nombreuse, une longue vie : Tel étoit le caractere du Juif, & la lépre spirituelle qui le corrompoit, dont la lépre corporelle étoit tout ensemble l'image, & la punition. La Paralysie étoit la maladie du Gentil, privé des influences de son chef, c'est à dire du Seigneur, dont il n'étoit plus un membre, & duquel il n'étoit plus animé, ny remué, ny dirigé ; étendu dans un lit d'infirmité, sans aucun sentiment de pieté, sans aucun mouvement pour les bonnes œuvres : glacé, immobile, impotent pour le bien & pour le salut : *Jacet in domo paralyticus :* n'ayant plus que quelques foibles restes d'une vie languissante, quelques idées de vertu en general, quelques raisonnemens imparfaits, quelques connoissances confuses de la divinité, & par dessus tout cela, souffrant des peines extremes, mais des peines infructueuses, puis qu'elles n'étoient pas unies à celles de Jesus Christ, d'où tout merite découle: des chagrins & des remords de conscience, purs châtimens, & tristes effets du peché: en un mot, qui ne luy servoient de rien pour l'expiation de ses pechez, pour la sanctification de son ame, pour sa reconciliation avec Dieu: *& malè torquetur.*

3°. Le lieu même où ils sont nous donne l'idée de leur different état. Le Juif est au bas de la montagne, il ne s'éleve à rien d'excellent, il ne s'efforce point de parvenir à ce sommet mysterieux de la Doctrine que le Sauveur y preche, *non sequitur ad excelsa, non ascendit ad sublimia*, dit saint Ambroise: Il n'y a que les ames sublimes qui montent là haut, *omnes magni, omnes sublimes montem ascendunt*, continuë le même Pere: La Loy Judaïque ne conduisoit à rien de parfait, selon saint Paul; *nihil enim ad perfectum adduxit Lex.* Le
Heb. 7. 19. Juif est au pied de la montagne, il marche dans une voye aplanie, douce, commode, semblable aux animaux des champs, *pecora campi*: Il ne fait aucune violence à ses inclinations animales, & charnelles: Il se tient dans la campagne, il est tout appliqué à la culture de la terre, & à en recueillir les fruits, il est tout terrestre, & tout apesanti, *primus homo de terra terrenus.* Telle est l'interpretation de saint Augustin sur cet endroit du huitiéme Pseaume; *Pecora enim cam-*

pi congruentissimè accipiuntur homines in carnis voluptate gaudentes : ubi nihil arduum , nihil laboriosum ascendunt : campus est enim etiam lata via quæ ducit ad interitum : & in campo Abel occiditur. Le Gentil est dans une Ville, dans une Babylone, qui du haut faîte de son orgueil devoit être abîmée dans le centre des enfers : *Et tu Capharnaum numquid usque in Cœ'um exaltaberis ? usque in infernum, descendes.* Là le grand commerce du monde, le jeu, les divertissemens prophanes, l'intemperance, le luxe, l'impieté, l'oubli de Dieu, l'amour de la creature, l'attachement au siecle present, *amor mundi usque ad contemptum Dei*, dit saint Augustin : Tel étoit le lieu ou vivoit le Gentil, tels étoient les grands symptomes de la maladie qui l'agitoit.

4°. Le Lépreux voit Jesus-Christ & vient à luy. *Videns Jesum venit ad eum.* Deux circonstances qui caracterisent le Juif, & qui le distinguent du Gentil, qui entend parler de Jesus-Christ, mais qui ne le voit pas : qui envoye à Jesus-Christ, mais qui n'y vient pas : *Qui cùm audisset de Jesu, misit ad eum* : Il étoit promis au Juif qu'il verroit celuy qui l'instruiroit des veritez celestes : *Et erunt oculi tui videntes præceptorem tuum.* Il étoit prédit du Gentil qu'il le verroit à son tour, mais non pas si tôt : *Videbo eum, sed non modò* : Qu'il jetteroit les yeux sur luy, mais de loin : *Intuebor illum, sed non propè.* Le nom d'Israël, que portoit le Juif, étoit un titre qui le mettoit par avance en possession de cet avantage : car il veut dire, celuy qui voit Dieu : *Israël, id est, videns Deum.* Il le voyoit dans les promesses, dans les figures, dans les Sacrifices, dans les Sa-

Luc. 5. 12. *Marc.* 1. 40.

Isa. 30. 20.

Num. 23. 10.

cremens, dans les Ecritures, dans toute la Loy : Les Gentils desiroient de le voir: c'est pourquoy le Dimanche des Rameaux, ils s'adresserent à saint Philippe Apôtre, & le prierent de leur montrer Jesus-Christ, parce que, disoient-ils, ils vouloient le voir: *Quidam Gentiles accesserunt ad Philippum : & rogabant eum dicentes, Domine, volumus Jesum videre :* Paroles qui marquoient le desir pressant qu'ils avoient de le connoître, lorsque les Juifs vouloient cesser de le voir; & l'ardent amour qu'ils auroient un jour pour luy, lorsque les Juifs cesseroient de l'aimer ; & que ce jour qui devoit être être le leur s'approchoit, & étoit attendu d'eux avec impatience. Verité figurée anciennement lorsque Moyse descendant de la montagne tout brillant de gloire, pour ne pas éblouir les Juifs qui le regardoient, se couvrit le visage d'un voile, désignant par là le voile d'incredulité, qui devoit un jour aveugler les Juifs, & leur faire perdre le nom d'Israëlites, lorsqu'ils refuseroient de voir Jesus-Christ en face, aprés l'avoir vu voilé dans leurs ceremonies anciennes : mais les choses devoient changer, le Seigneur connu autrefois dans la seule Judée, *notus in Judæa Deus*, sera enfin connu dans toute la Gentilité, *lumen ad revelationem gentium.* Ainsi le Lépreux voit Jesus Christ & vient à luy, éclairé de la lumiere de la Foy, pour luy demander d'être purifié, *accedentem ad Deum oportet credere* ;car c'est ainsi que les Evangelistes s'expriment, *& ecce Leprosus veniens & videns Jesum* : Le Paralytique au contraire, privé de la lumiere de la Foy, détenu au lit de son infirmité, ne pouvant venir à Jesus-

Chriſt, luy envoye ſes amis pour luy demander la ſanté, *miſit ad eum rogans eum ut veniret.*

5°. Le Lépreux aborde Jeſus-Chriſt ſans la mediation de perſonne, *& ecce Leproſus venit ad eum.* En effet, il étoit naturel de paſſer de la Loy à l'Evangile, de la figure à la verité, de la promeſſe au don, de la foy des biens futurs, à la poſſeſſion des biens preſens: *juſtitia enim Dei in eo revelatur ex fide in fidem*, dit l'Apôtre: Le Paralytique s'adreſſe aux Juifs pour luy ſervir d'interceſſeurs auprés de Jeſus-Chriſt, *miſit ad eum ſeniores Judæorum rogans eum ut veniret*, parce que c'eſt de la Religion Judaïque que devoit ſortir le ſalut, *quia ſalus ex Judæis eſt*: d'ou il s'enſuit que le Juif devoit avoir la place d'honneur preferablement au Gentil, ſelon la doctrine de l'Apôtre, *gloria, honor, & pax Judæo primùm, & Græco.* De cette ſorte Jeſus-Chriſt, dit ſaint Auguſtin, ayant gueri le Lépreux, & allant enſuite guerir le Paralytique, fait admirablement voir la grace, qui des Juifs devoit paſſer aux Gentils: *Chriſtus à Judæo leproſo ſanato, tranſeundo ad Paralyticum Ethnicum ſanandum, pulchrè adumbrat gratiam è Judæis velut è Leproſis, ad gentes paralyſi decumbentes, & morti proximos, cumulatiore fructu fore transferendam.*

Rom. 2. 10.

Hom. 6. de Verb. Dom.

6°. Jeſus-Chriſt toucha le Lépreux, montrant par là qu'il étoit conjoint ſelon la chair avec le Juif, qu'il étoit iſſu d'Abraham & de David, ayant les mêmes Peres, étant de la même famille ſelon la chair, dit l'Apôtre ſaint Paul: *De filio ſuo qui factus eſt & ex ſemine David ſecundùm carnem, quorum patres ex quibus Chriſtus ſecundùm carnem*: Ainſi il guerit le Juif en la

Rom. 1. 3.

Rom. 9. 5.

personne du Lépreux, en le touchant : *extendens manum tetigit eum dicens, volo, mundare* : & il guerit le Gentil en la personne du Paralytique, en luy parlant, *dic tantùm verbo, & sanabitur puer meus* : ce qui visiblement nous regarde, selon qu'écrit l'Apôtre saint Jacques, que le Seigneur nous a volontairement engendrez par la Parole de verité, afin que nous soyons quelque commencement de sa creature : *Voluntariè enim genuit nos verbo veritatis, ut simus initium aliquod creaturæ ejus.*

Jacob. 1. 18.

7°. Ce Mystere enfin est répandu sous differentes Paraboles dans l'Evangile, où nous voyons nôtre Seigneur, disant, tantôt qu'il n'étoit envoyé qu'aux Brebis égarées d'Israël, tantôt qu'il faloit premierement laisser rassasier les enfans, avant que de donner le pain aux chiens : Tantôt défendant à ses Apôtres d'aller annoncer l'Evangile aux Gentils, qu'aprés qu'ils l'auroient prêché aux Juifs ; par dessus tout cela l'Eglise ayant adopté les humbles paroles, & les religieux sentimens du Centurion, dans l'administration & la reception solemnelle du plus auguste des Sacremens, ou plûtôt de Jesus Christ même, fait assez voir qu'il fut par avance l'organe, & la figure de l'Eglise comme le Lépreux l'étoit de la Synagogue : & de là vient qu'ayant eu assez de foy pour croire que le Sauveur opereroit un miracle par sa seule parole, ce qu'il n'avoit point encore fait à la priere d'aucun Juif, *quod nusquam ante fecerat*, dit saint Chrysostome, il mérita d'être preferé au Juif : *Generi Judæorum illum preposuit.*

SECONDE

SECONDE CONSIDERATION.

Que ſi la dignité du Juif le rendoit illuſtre devant les hommes, ſa pieté ne le rendoit pas moins recommandable devant le Seigneur : nous le voyons dans le Lépreux d'aujourd'huy, qui ſemble avoir réuni en ſa perſonne avec la foy de ſes Peres leur ſouverain reſpect envers Dieu. Admirons,

1°. Premierement ſon humilité, qui parut dans ſon profond abbaiſſement devant le Sauveur : d'abord qu'il le vid, il flechit le genou : *Videns eum genuflexit* : il ſe proſterna devant luy la face contre terre, *& procidens in faciem*, il l'adora, *adorabat eum* : & il le pria dans cette poſture humiliée, *deprecans eum* : Telle eſt la penſée de ſaint Ambroiſe ſur ce même endroit : *Ille in faciem procidit, quod humilitatis eſt* : rien n'étant plus capable de couvrir de honte & de confuſion que cette maladie ignominieuſe, ſouvent le triſte effet, & l'infame punition de la Luxure, comme elle en étoit toûjours la figure, ainſi que des taches criminelles de diverſes ſortes de pechez qui défigurent une ame impure, ajoute ſaint Ambroiſe : *Ille in faciem procidit, quod humilitatis eſt & pudoris, ut unuſquiſque de vitæ ſuæ maculis erubeſcat.* Mais pour ne point parler de ce motif humiliant, qui pouvoit être étranger au Lépreux, reſpectons ſon profond abbaiſſement dans la priere, qui luy eſt commune avec les plus ſaints Patriarches : ainſi Abraham plein de reconnoiſſance, tomba la face contre terre devant le Seigneur : *cecidit Abraham pronus in faciem.* Moïſe & Aaron pour arreſter ſa colere *Gen. 17. 3.*

Nu. 14. 5. 22. ſur le peuple, ſe proſternerent devant luy, *Moyſes & Aaron ceciderunt proni in terram, in faciem.* David pour obtenir le pardon de ſon crime, ſe jetta auſſi par ter-
1. Reg. 2. 12. 16. re, *& jejunavit David jejunio, & ingreſſus ſeorſum jacuit ſuper terram.* Manaſſés dans les liens ne pouvant courber ſon corps, fléchiſſoit le genou de ſon cœur devant la majeſté divine pour en obtenir miſericorde :
Ora Manaſ. *Incurvatus ſum multo vinculo ferreo, ut non poſſim attollere caput meum, & nunc flecto genu cordis mei.* Tobie & ſon fils pleins d'une ſainte frayeur demeurerent proſternez, la face contre terre, pendant trois heures devant
Tob. 12. 22. le Seigneur. *Tunc proſtrati per horas tres in faciem benedixerunt Deum.* Tels furent les modeles de religion, & d'humilité que nôtre Lépreux parut imiter aujourd'huy. Saint Jacques, ce grand Apôtre, frere de Jeſus-Chriſt, ſelon la chair, premier Evêque de Jeruſalem, & ſurnommé le juſte par excellence, alloit ſans ceſſe au temple, & là proſterné devant Dieu, il prioit pour les pechez du peuple, & il demeuroit ſi longtemps en cette poſture, que ſes genoux s'endurcirent comme la peau d'un chameau : *Cui etiam aſſiduitas orandi, ita callum genibus abduxerat, ut duritie cameli pellem imitaretur, aſſiduè Deum venerans pro ſalute populi humi proſtratus.*

Saint Gregoire raporte que ſa bien-heureuſe tante Tharſile étant decedée, aprés avoir conſumé ſa vie dans les exercices de pieté; comme on voulut aprés ſa mort, ſelon l'uſage ordinaire, laver ſon corps, on trouva à ſes coudes & à ſes genoux un cal, ou une dureté, ſemblable à celle de la peau d'un chameau, qu'elle avoit contractée par ſon aſſiduité à ſe proſterner devant Dieu dans la priere : ſon corps mort rendant un témoignage autentique des religieuſes occupations de l'eſprit, qui l'avoit animé : *Cumque corpus ejus ex more mortuorum ad lavandum eſſet nudatum, longo orationis uſu in cubitis ejus, & genibus, camelorum more invent a eſt obdurata cutis excreviſſe, & quid vivens ejus ſpiritus ſemper egiſſet, caro mortua teſtabatur.* Ajoutons à cela, Dialc. 4.16.

2°. Sa reſignation, il demande la ſanté; mais il la demande en des termes qui font voir qu'il ne la deſire qu'en cas que cela ſoit conforme à la volonté de Dieu : Seigneur, dit-il, ſi vous voulez, vous pouvez me guerir, *ſi vis* ; parce que, comme obſerve ſaint Chryſoſtome, il n'eſt pas toûjours expedient à un chacun de ſe bien porter, *neque ait : Domine munda me :* Cet humble malade ne dit pas à Jeſus-Chriſt, gueriſſez moy : *Sed ipſi cuncta commiſit*, continuë ſaint Chryſoſtome, il ſçavoit ſans doute que la ſanté corporelle n'eſt pas toûjours utile au ſalut : *Nec enim expedit omnibus corporalis integritas :* cette doctrine ſi oppoſée à la chair & au ſang, ſi contraire aux amateurs de cette vie, & d'eux mêmes, nous eſt confirmée par ſaint Auguſtin en ces termes : il eſt bon, dit ce Pere, que vous n'ayez point d'inquietude ſur vôtre ſanté corporelle, *bonum eſt ut de ſalute corporis non ſatagas* : Vous pouvez la demander à Dieu, *niſi ut à Deo illam petas* : ſi le Seigneur juge qu'elle vous ſera ſalutaire, il vous l'accordera : *ſi ſcit tibi prodeſſe, dabit illam tibi :* s'il ne vous l'accorde pas, aſſurez-vous qu'elle ne vous ſeroit pas avantageuſe : *ſi non tibi dederit, non tibi proderit habere* Hom. 26. in mat. Op. imp.

illam. Combien de malades gisans dans leur lit vivent dans l'innocence, qui commettroient mille maux s'ils étoient en santé, *quàm multi ægrotant in lecto innocentes, & si sani fuerint, procedunt ad scelera committenda?*

Saint Aug. Que si les exhortations de ce Saint sont si consolantes pour les malades, ses exemples ne sont pas moins édifians : je suis malade, écrivoit-il à un de ses amis, & je suis content : le Seigneur qui le veut ainsi, me donne la force de me conformer à sa volonté : *Secundùm spiritum quantum Domino placet, atque vires ipse præbere dignatur, recte sumus* : je me vois obligé de garder le lit ne pouvant ny marcher, ny me tenir debout, ny demeurer assis, *corpore autem in lecto sum, nec ambulare, nec stare, nec sedere possum* : Mais puisque le Seigneur l'ordonne ainsi, je suis bien : *sed quoniam ita Dominò placet, rectè sumus.* Je recommande à vos prieres, & mes jours & mes nuits : *Commendamus ergo sanctis orationibus tuis, & dies & noctes meas.* La belle chose que de voir unis ensemble les preceptes & les exemples ! Combien ce pieux Solitaire étoit-il rempli de cet esprit ? il étoit vieux, & toûjours languissant, ses infirmitez étoient continuelles, & pardessus cela, il ne manquoit point chaque année d'être surchargé d'une grande maladie : *senex quidam cùm frequenter infirmaretur corpore, & langueret* : Or il arriva une fois qu'il s'écoula une année, sans qu'il fût attaqué d'aucune maladie extraordinaire, *contigit ut uno anno nulla eum valetudo mala contingeret* : Ce repos l'affligea sensiblement, il se crut délaissé de Dieu, le voila dans l'affliction, & dans les larmes : Seigneur, disoit-il en

Ep. 38.

Lib. 13. vita PP. num. 158.

pleurant, vous m'avez délaiſſé, vous n'avez pas daigné viſiter vôtre ſerviteur cette année : *& propterea flebat & graviter ferebat, dicens : reliquiſti me Domine, & noluiſti me preſenti hoc anno viſitare.* Tel a été l'eſprit des Saints de tous les ſiecles, & de tous les lieux, le même eſprit qui étoit en eux leur a inſpiré les mêmes ſentimens. Mais outre l'humilité, la religion, & la reſignation du Lépreux d'aujourd'huy, conſiderons encore,

3°. Sa foy au Sauveur, elle fut grande, il crut que Jeſus-Chriſt pouvoit le guerir : Seigneur, diſoit-il, vous pouvez me guerir : *Domine, ſi vis, potes me mundare.* Dans cette vuë il l'appelle Seigneur, *Domine*, ſçachant bien qu'il n'avoit qu'à commander, pour être obéi : que la maladie étoit ſoumiſe à ſes Loix auſſi bien que la ſanté ; qu'il ne tenoit qu'à luy qu'il ne fût en un inſtant purifié de ſa lépre, *Domine, ſi vis, potes me mundare*, & par ces paroles, dit ſaint Chryſoſtome, il reconnut en Jeſus Chriſt un pouvoir ſuprême, *eumque conferendæ ſalutis Dominum eſt confeſſus.* *Ho. 26. in Mat.* De plus, il crut que pour le guerir, il ſuffiſoit que Jeſus-Chriſt le voulût ; il ne s'attend point à aucun ſigne ou ceremonie exterieure, ny même qu'il commandât à la lépre de s'en aller, comme il avoit commandé à la fievre dont la belle-mere de ſaint Pierre étoit affligée de ſe retirer : *Imperavit febri, & continuò dimiſit eam febris.* Il ne luy demanda que de vouloir, attribuant ainſi au Sauveur qu'il voyoit, le même pouvoir qui ne convenoit qu'au Créateur qu'il ne voyoit pas, & duquel il eſt écrit qu'il a fait tout ce qu'il a voulu : *omnia quæcumque voluit fecit* : Cependant le Seigneur étendit sa main, & le toucha, *& extendens manum tetigit eum* : Pour faire voir,

1°. Qu'il étoit le vray ouvrier de l'homme, & que sa main seule étoit capable de reparer, & de perfectionner son propre ouvrage, ainsi que le Peintre & le Sculpteur qui peuvent achever leurs Statuës ou leurs Peintures, comme il leur plaît, mais d'une maniere bien differente.

2°. Qu'il étoit au dessus de la Loy : La Loy deffendoit de toucher un Lépreux, crainte de se soüiller : J. C. touche le Lépreux, & loin de se soüiller, il le nettoye : *Ampliùs fecit quàm voluit lex*, dit saint Chrysostome. La Loy montre le mal, J. C. donne le remede.

3°. Que la chair qu'il avoit prise pour nous, avoit en elle une vertu vivante, vivifiante, medicinale, par la divinité qui luy étoit unie, dit saint Cyrille, *ut ostenderet carnem suam ex adjuncta deitate vim habere salutiferam & vivificam*, loin d'être capable de contracter aucunne soüillure.

4°. Qu'il avoit un vray corps naturel & non phantastique ; une volonté toute-puissante ; une authorité souveraine : confondant ainsi par une seule action trois heresies, dit saint Ambroise : *volo ergo dicit propter Photinum ; imperat propter Arium ; tangit propter Manichæum.*

5°. Que pour guerir du peché de la chair, ou de la Luxure, vraye lépre spirituelle, figurée par la lépre corporelle, il faloit un coup de la droite du Tes-haut, *hæc mutatio dexteræ excelsi.*

6°. Enfin il voulut bien toucher un homme tout couvert de Lépre, *plenus leprâ*, pour nous engager à ſurmonter l'horreur naturelle que nous avons à voir, à toucher, à penſer les playes, les ulceres & les chairs pourries des pauvres malades : exercice excellent d'une charité parfaite. Car enfin, tout ce que Jeſus-Chriſt à fait, eſt pour nous une leçon, & un ſujet d'imitation : Les miracles même en leur maniere ont leur langage, dit ſaint Auguſtin, *habent enim miracula, ſi intelligantur, linguam ſuam : nam quia ipſe Chriſtus verbum Dei eſt, etiam factum verbi, verbum nobis eſt.* De là vient qu'il eſt écrit dans l'Evangile d'aujourd'huy, que quand Jeſus-Chriſt deſcendit de la Montagne, les troupes le ſuivirent : *Cùm autem deſcendiſſet de monte, ſecutæ ſunt eum turbæ multæ* : comme qui diroit : Tandis que le Verbe divin, le Fils éternel du Pere, a demeuré dans le Trône de ſa ſublime Majeſté, tandis qu'il n'a parlé aux hommes que du haut des Cieux, qu'il a effrayé le genre humain par les menaces & par les ſupplices, par les feux, & les flames, les eaux du deluge & le bruit des tonnerres, peu de perſonnes ont été touchées d'amour, perſonne n'a eu de modele à ſuivre. Car comment imiter la grandeur de Dieu, ſa toute-puiſſance, ſon immenſité, ſon éternité, & ſes incomprehenſibles ouvrages ? Pouvions-nous faire des Cieux comme luy, creér le monde comme luy, gouverner l'univers, moderer les élemens ? mais depuis qu'il eſt deſcendu à nous, lorſque le Seigneur s'eſt fait homme, qu'il n'a plus parlé ny par les foudres & les éclairs, ny même par la bouche des Pro-

Conf. l. 1. phetes, mais par l'humanité de son fils, *per humanitatem filii sui*, pour s'exprimer avec saint Augustin, ou plûtôt avec l'Apôtre, le monde s'est rendu, & est devenu sensible aux attraits de sa bonté, dit saint Jerôme, quand il a cessé d'être percé des traits de sa justice, *his sagittis totus mundus vulneratus & captus est.* Ne disons donc plus avec les Israëlites intimidez : que le Seigneur ne nous parle pas, mais que Moïse nous parle, & nous écouterons : *Loquere tu nobis, non Dominus, & faciemus.* Au contraire, disons avec Samuël, parlez-nous, Seigneur, parlez-nous vous-même, & nous serons soumis : *Loquere Domine, quia audit servus tuus.* Faites-nous sentir la suavité de vôtre dilection, & nous courrons avec l'Epouse des Cantiques aprés l'odeur de vos parfums : captivez-nous, mon Dieu, par les douces chaînes de la charité, par les tendres liens des enfans d'Adam, & nous préfererons nôtre esclavage à nôtre liberté. Accomplissez en nous cette aimable prophetie : *In funiculis Adam traham eos, in vinculis charitatis*, & nous ne resisterons plus. Tandis que vous avez demeuré dans le sein du Pere, *& Verbum erat apud Deum*, vous étiez la nourriture des Anges seuls : un si fort aliment n'étoit pas proportionné à nôtre foiblesse, il falloit que cette table devint plus à la portée des enfans, & qu'on les repût d'un pain plus convenable à leur nature, *oportebat ut mensa illa lactesceret*, dit saint Augustin : il faloit ou que le Verbe divin se fit chair, *& Verbum carò factum est*, afin de devenir le Pain de l'homme, ou que l'homme cessât d'être chair, afin que le Verbe pût devenir

devenir ſon pain. A un ſi merveilleux changement que le grand Docteur ſe faſſe petit, s'il veut profiter aux petits : qu'il deſcende du haut faiſte de ſon eſprit, s'il veut comme Jeſus-Chriſt deſcendu de la montagne, être ſuivi des peuples : *cùm autem deſcendiſſet de monte ſecutæ ſunt eum turbæ multæ.* Qu'il imite l'exemplaire qui luy a été montré ſur la montagne : *inſpice, & fac ſecundùm exemplar quod tibi in monte monſtratum eſt* ; & il tirera le monde aprés luy : n'allez pas dire que ce modele eſt trop élevé pour vous : car ſi vous ne pouvez pas ainſi que Jeſus-Chriſt paſſer les nuits entieres en oraiſon : *& erat pernoctans in oratione Dei* : Du moins employez quelques heures du jour à ce ſaint exercice : ſi vous ne pouvez pas ſoûtenir de ſi longues veilles, prenez du moins quelques moments de la nuit pour élever vos mains en haut, & pour benir le Seigneur : *In noctibus extollite manus veſtras in ſancta, & benedicite Dominum.* Si vous ne pouvez pas jeûner quarante jours & quarante nuits ſans boire ny manger, du moins ſoyez ſobre, & abſtinent, & rougiſſez de n'être fidelle qu'aux jeûnes d'obligation : ſi vous ne pouvez pas renoncer aux richeſſes de la terre, du moins ny attachez pas vôtre cœur : ſi vous ne pouvez pas donner tout vôtre bien aux pauvres, pour acquerir un Treſor au Ciel, du moins donnez-leur en la dixme, afin qu'ils vous reçoivent dans les tabernacles éternels. Si vous ne pouvez pas rendre la vuë corporelle aux aveugles, du moins illuminez & inſtruiſez les ignorans : ſi vous ne pouvez pas produire les actes d'une heroïque charité, en donnant vôtre ſang & vôtre vie pour le prochain, du moins pardonnez les injures, oubliez les offenses qu'on a commises contre vous : priez pour vos ennemis. Enfin si vous ne pouvez pas imposer vos mains sur les Lépreux, & les guerir de leurs soüillures, du moins comme un autre Samaritain, répandez du vin & de l'huile sur leurs playes, servez-vous de vos mains pour les soulager, & de vos paroles pour les consoler : donnez-leur de la compassion, & des services, imitez ce pieux Solitaire dont saint Gregoire dans une de ses Homelies, rapporte les vertus en ces termes, & qui sont extremement à nôtre sujet.

D'autant qu'il me semble, dit ce grand Pontife, que pour nous exciter à l'amour de Dieu & du prochain, les exemples nous touchent souvent plus que les paroles, je croy, mes tres-chers freres, qu'aprés les exhortations precedentes, il ne sera pas inutile de vous raconter une Histoire merveilleuse qui s'est passée dans une Province voisine d'icy. Il y avoit un bon Religieux, nommé Martyr, dans un Monastere de Licaonie, qui par ses rares vertus, étoit en veneration à tout le monde : Or il arriva un jour que ce charitable Religieux étant sorti de son Monastere pour en aller visiter un autre, trouva dans son chemin un pauvre Lépreux, tout couvert d'ulceres, qui tâchoit de gagner son miserable gîte, lequel étoit tout joignant le Monastere où Martyr alloit luy-même. Mais ce pauvre Lépreux paroissoit si foible & si las, qu'il ne pouvoit presque pas se traîner. Nôtre Solitaire touché de compassion, resolut de le secourir, il prit son manteau, il l'étendit ſur terre, il coucha deſſus ce Lépreux, il l'envelopa le mieux qu'il put, enſuite il le mit ſur ſes épaules pour le porter au lieu où ce pauvre malheureux pretendoit aller, & ſe mit, ainſi chargé à marcher le long du chemin. Comme il étoit preſque arrivé à la porte du Monaſtere, le Superieur de cette maiſon, comme tranſporté d'un mouvement ſecret, ſe mit à crier pluſieurs fois de toute ſa force: Courez vîte, courez vîte, ouvrez promptement les portes, parce que voilà le frere Martyr qui vient, & qui porte Jeſus Chriſt ſur ſes épaules, *currite, januas Monaſterii citiùs aperite, quia frater Martyrius venit Dominum portans.* Mais auſſi-tôt que Martyr fut parvenu à l'entrée du Monaſtere, celuy qu'il croyoit être un Lépreux incapable de marcher, & de ſe ſoutenir, deſcendit de luy même tout d'un coup de deſſus le col du frere Martyr, & luy apparut dans une forme ſous laquelle on a coutûme de ſe figurer en idée nôtre divin Redempteur, qui dans ce moment s'éleva devant luy au Ciel, luy diſant ces douces paroles: Martyr vous n'avez pas rougi de moy ſur la terre, je ne rougiray pas de vous dans le Ciel; *Martyri, tu me non erubuiſti ſuper terram, ego te non erubeſcam ſuper cœlos.* Aprés cela Martyr étant entré dans le Monaſtere, le Superieur luy dit, Martyr, mon cher frere, qu'eſt devenu celuy que vous portiez? à quoy Martyr répondit: ſi j'avois ſçeu quel il étoit, proſterné à ſes pieds, je ne l'aurois jamais quitté: ce que je puis dire eſt que celuy que je portois ne me peſoit rien: dequoy on auroit tort de s'étonner: car comment Martyr eût-il senti le poids de celuy qu'il portoit, puisque celuy qui étoit porté par Martyr, portoit Martyr qui le portoit, *nec mirum quomodo enim pondus sentire poterat, qui portantem portabat?* exemple de charité envers un Lépreux, continuë saint Gregoire, qui nous apprend, de quel merite est la compassion qu'on doit avoir des pauvres, & quelle force ont les entrailles de misericorde pour nous unir à Dieu: *Qua in re pensandum est nobis, quantum fraterna compassio valeat, quantum nos omnipotenti Deo misericordiæ viscera conjungant.* Heureux celuy de qui la vie reluit en de telles œuvres de charité! plus heureux qui les cache sous le voile d'une profonde humilité. Le Sauveur nous l'insinuë assez dans l'Evangile d'aujourd'huy, puis qu'aprés avoir gueri le Lépreux, il luy ordonna de n'en rien dire, *& dicit ei, & præcepit illi, vide, nemini dixeris*: Ajoutant même à son commandement des menaces s'il le divulgoit, *& comminatus est ei*: d'où vient, Seigneur, une telle défense? apprehendiez-vous la vaine gloire? non sans doute: mais s'il ne la craignoit pas pour luy, il la craignoit pour nous, il vouloit nous apprendre cette importante verité, que nous devions avoir encore plus de soin de cacher nos vertus que nos vices, d'empecher qu'aprés avoir gueri les malades de la lépre corporelle, & fait l'office de medecin, nous ne devenions nous-mêmes malades de la lépre spirituelle, ou de la vanité qui corrompt les meilleures actions, dit saint Ambroise; *Ne lepra transire possit in medicum, unusquisque Dominicæ humilitatis imitator, jactantiam vitet: cur enim præcipitur nemini dicere, nisi ut doceret non vul-*

Lib. 5. in Luc.

ganda noſtra beneficia, ſed premenda; crainte que la lépre de Naaman ne paſſe encore à Giezi: car comme il eſt quelquefois dangereux à celuy qui ſe confeſſe de regarder trop fixement les turpitudes qu'il a commiſes, de même eſt-il ſouvent nuiſible à l'homme de bien de reflechir ſur les bonnes œuvres qu'il a faites: de peur que ſous pretexte même de remercier Dieu, & de publier les bienfaits qu'il en a reçus, il ne s'attribue avec le Phariſien le merite de les avoir pratiquées, & la gloire de les poſſeder. Cecy nous eſt admirablement figuré dans l'Ecriture. Moïſe ce grand amy de Dieu, deſcendant de la Montagne où il avoit converſé face-à-face, avec le Seigneur, en revint avec un viſage tout rayonnant de lumiere & d'éclat: *Ex conſortio ſermonis Domini.* Mais voyant les enfans d'Iſraël étonnez de cette ſplendeur, il ſe couvrit la tête d'un voile, afin de cacher cette gloire qu'il ne voyoit pas luy-même, *poſuit velamen ſuper faciem ſuam:* Que celuy donc qui fait des œuvres éclatantes de charité, prenne ſoin d'en dérober la vuë à ſoy-même & aux autres, afin de ne ſe laiſſer point éblouir à la vanité, ny aux loüanges de ceux qui pourroient en être éblouïs.

TROISIE'ME CONSIDERATION.

Quelque grande que fût la foy du Lépreux, celle du Centurion le fut encore davantage, puis qu'elle attira l'admiration de Jeſus-Chriſt même, ce que ne fit pas celle du Lépreux. Pour bien developer ce merveilleux caractere, il faut commencer par répondre à une difficulté du sacré Texte, & qui tout ensemble ne sera pas une mediocre preuve de l'excellence de cette foy.

1°. Premierement, saint Mathieu raconte que comme Jesus-Christ entroit dans Capharnaüm, un Centurion alla au devant de luy, le priant & luy disant: Seigneur, j'ay chez moy un de mes serviteurs paralytique, qui souffre beaucoup: & que Jesus-Christ répondit: j'iray & je le gueriray: *accessit ad eum Centurio, rogans eum & dicens, Domine, puer meus jacet in domo paralyticus, & malè torquetur: & ait illi Jesus, ego veniam, & curabo eum.*

Cependant saint Luc écrit que ce Centurion ayant un serviteur malade à la mort, qui luy étoit cher, & entendant que Jesus-Christ venoit à Capharnaüm, il envoya vers luy les principaux Juifs de ce lieu, pour le prier de venir guerir son serviteur; & que ces Juifs étant allez trouver le Sauveur, le conjurerent instamment d'accorder cette grace à cet officier, disant qu'il la meritoit, qu'il aimoit la nation Juifve, & qu'il leur avoit fait bâtir une Synagogue: De sorte que le Seigneur allant avec eux, comme il étoit prés de la maison de ce Centurion, celuy-cy luy envoya de ses amis pour le prier de ne pas aller plus avant, qu'il n'étoit pas digne de le recevoir sous son toît, & que c'étoit par cette raison même qu'il ne s'étoit pas non plus jugé digne d'aller au devant de luy: mais que sans aller plus avant, il n'avoit qu'à dire une parole, & que son serviteur seroit gueri: ce qui fut executé. *Propter quod & meipſum non ſum dignum arbitratus ut venirem ad te.* Comment accorder cette apparente contrarieté? L'un dit que le Centurion alla au devant de Jeſus-Chriſt, l'autre dit qu'il y envoya : cependant cela ne ſe contredit point : car, ainſi qu'obſerve ſaint Auguſtin, dans le langage communement receu parmi les hommes, on eſt cenſé dire & faire quelque choſe quand on la fait, ou qu'on la dit par un ami, & un procureur : *Quod ita tenuit conſuetudo, ut jam etiam vulgò perventores appellentur, qui potentium quorumlibet tanquam inacceſſibiles animos, per convenientium perſonarum interpoſitionem ambitionis arte pertingunt.* De cette ſorte ſaint Mathieu a tres veritablement écrit que le Centurion alla trouver Jeſus-Chriſt pour en obtenir la gueriſon de ſon ſerviteur, parce qu'il y envoya ſes amis pour la luy demander en ſon nom. De Conſ. l. 2. c. 30.

Mais outre ce ſens, continuë ce Pere, on peut entendre cecy d'une autre maniere, & qui fait extremement à nôtre ſujet : le ſacré Texte renferme icy un ſens myſterieux qui n'eſt pas à negliger : *Verumtamen non negligenter intuenda eſt etiam ſancti Evangeliſtæ altitudo myſticæ locutionis.* Car le Sauveur ayant loué la foy du Centurion, juſqu'à dire qu'il n'en avoit pas trouvé une ſi grande dans Iſraël, & la foy étant ce qui nous fait aller à Dieu, ce qui nous fait prier & obtenir tout de Dieu, & le Seigneur voyant dans le ſecret du cœur du Centurion, ſes mouvemens interieurs & ſes deſirs animez de la foy qui l'approchoit de Dieu, & qui le faisoit recourir à Dieu, le saint Evangeliste éclairé de l'Esprit divin, a mieux aimé dire que le Centurion alla au devant de Jesus-Christ, & qu'il luy demanda cette guerison par luy-même, que non pas de dire qu'il luy envoya demander par d'autres : *Proindè quia fidem Centurionis quâ verè acceditur ad Jesum, ipse ità laudavit, ut diceret, non inveni tantam fidem in Israël, ipsum potiùs accessisse ad Christum dicere voluit prudens Evangelista, quàm illos per quos verba sua miserat.* De cette sorte le Centurion alla interieurement au devant de Jesus-Christ, & ses amis y allerent exterieurement ; ses amis allerent trouver Jesus-Christ, selon le corps; le Centurion l'alla trouver, selon l'esprit ; le Centurion demanda avant que d'envoyer demander ; sa foy parla pour luy à Jesus-Christ, avant que ses amis parlassent de luy à Jesus-Christ. Ce fut ainsi, continuë ce Pere, que l'Hemorroïsse ne touchant que la frange des habits de Jesus-Christ, le toucha bien plus veritablement, que non pas la troupe qui le pressoit corporellement. *Sic enim & illa mulier quæ fluxum sanguinis patiebatur, quamvis fimbriam vestimenti ejus tenuerit, magis tamen tetigit Dominum, quàm illæ turbæ à quibus premebatur.* Car comme plus elle crut, plus elle toucha : de-même plus le Centurion crut, plus alla-t-il au devant de Jesus-Christ. *Ut enim hæc quò magis credidit, eò magis tetigit Dominum, ità & Centurio, quò magis credidit, eò magis accessit ad Dominum.* L'hemorroïsse fidelle touchoit Jesus-Christ, & ne le pressoit pas ; la troupe incommode pressoit Jesus-Christ & ne le touchoit pas. L'hemorroïsse touchoit Jesus-Christ selon

l'esprit

l'eſprit & le conſoloit, la troupe preſſoit Jeſus-Chriſt ſelon le corps & l'affligeoit. *Turbæ te comprimunt & affligunt.* Les amis du Centurion alloient de corps à Jeſus-Chriſt, & le Centurion alloit d'eſprit à Jeſus-Chriſt, les amis du Centurion parloient à Jeſus-Chriſt, & le Centurion prioit Jeſus-Chriſt : les amis du Centurion demandoient à Jeſus-Chriſt, & le Centurion obtenoit de Jeſus-Chriſt : quelle idée merveilleuſe ne donne pas une telle foy ?

II°. La foy du Centurion fut d'autant plus admirable, qu'il étoit gentil d'origine, étranger des Teſtamens divins, né dans l'idolatrie, & l'infidelité. Cette conſideration, dit ſaint Chryſoſtome, releve ſa foy par deſſus celle du Juif Lépreux : celuy-cy paroît en avoir davantage en ce qu'il ne demande rien qu'un acte de la volonté du Sauveur pour être gueri. *Domine, ſi vis, potes me mundare :* Celuy-là demande une parole, qui eſt quelque choſe de plus, quelque choſe d'exterieur & de ſenſible, ce que ne faiſoit pas le Juif : *Dic tantùm verbo & ſanabitur puer meus.* Mais la foy des Juifs accoutumez à tant de miracles continuels, anciens & nouveaux ; ces grands prodiges de l'Egypte; ce paſſage de la Mer rouge, & du Jourdain ; cette Manne deſcenduë du Ciel ; ce Soleil arrêté ſous Joſué ; cette lépre de Naaman, & de divers Lépreux gueris ; ces Morts reſſuſcitez ; cette Piſcine ſalutaire actuellement exiſtante à Jeruſalem, & mille ſemblables merveilles ſoutenoient ſenſiblement leur foy : pour ne rien dire de ce Meſſie ſi attendu, qui devoit operer tant de choſes ſurprenantes : Pourquoy donc s'étonner de ce que le Juif plein de toutes ces magnifiques idées ne demandoit rien qu'un acte de la volonté de Jesus-Christ, sachant par ses écritures qu'on luy lisoit sans cesse, que le Seigneur avoit fait tout ce qu'il avoit voulu au Ciel & en la Terre : *Omnia quæcunque voluit fecit in Cælo & in Terra?* Mais il étoit incomparablement plus surprenant de voir que le Gentil, nullement instruit, ny persuadé de toutes ces grandes merveilles, vivant au milieu des tenebres de l'idolatrie, ait d'abord eu une foy si sublime & si heroïque en Jesus-Christ, qu'il aît cru qu'il n'avoit qu'à proferer un mot, & qu'un Paralytique moribond seroit gueri sur le champ : sans doute que la foy du Juif ne fût point par ces raisons si admirable que la sienne. *Cur Leprosus qui etiam istis majora perfecit, non est laudatus à Christo : non enim dixit, dic verbo : sed quod multo majus erat velis tantummodò : respondeo, majus esse alienigenam quàm Judęum credidisse ; quod ipsum vocabulum Centurionis satis indicat, & erat profectò arduum, hominem, qui in judæorum numero non erat, tam magna de Christo cogitasse.*

III°. Le Centurion étoit un homme de guerre, profession qui n'est que trop ordinairement sujette à l'impieté, au libertinage, à la derision des choses saintes, à la prophanation des lieux destinez au Culte divin, au mépris des personnes consacrées à Dieu. C'est ainsi que Rabsaces blasphemoit le Dieu d'Israël, le Temple & la sainte Cité de Jerusalem. C'est ainsi qu'Holopherne ne connoissoit point d'autre Dieu que son Roy Nabuchodonosor : qu'Herodes à la tête de quelques ſoldats ſe mocqua du grand Dieu des armées : Mais nôtre pieux Centurion avoit bien d'autres ſentimens : il aimoit la Nation Juifve, ſeul Peuple alors du vray Dieu ſur la terre : il avoit fait conſtruire une Synagogue, ou un lieu de Priere & d'Oraiſon aux Juifs. *Quia dignus eſt ut hoc illi preſtes : diligit enim gentem noſtram, & Synagogam ipſe edificavit nobis.* Cependant les Juifs pacifiques, religieux, attachez à leur Loy, ne croyoient pas au Sauveur, tandis qu'un Gentil, un Officier de guerre y croyoit ; quoy de plus ſurprenant ?

IV°. N'eſt ce pas encore une choſe digne d'admiration de voir la promptitude de ſa foy ? Il n'avoit point ſuivy le Sauveur dans ſes Miſſions : il n'avoit point oüi ſes Predications ; il ne luy avoit point vu faire de Miracles, il n'attendoit point de Meſſie, ny de Sauueur qui luy eut été promis, en ſorte qu'il y a lieu de croire que Jeſus-Chriſt luy étoit inconnu ; cependant ſitôt qu'il entend parler de luy, il croit en luy : *Cum audiſſet de Jeſu, miſit ad eum.* Peut-on être plus docile à la grace du Seigneur ? Sans doute que c'étoit de luy & de ſes ſemblables que le Prophete parlant en la perſonne du Sauveur avoit dit : Un Peuple que j'ignore me ſervira, ſon cœur obeira à *2. Reg. 22. 24.*
ma voix quand elle retentira à ſes oreilles : *Populus quem ignoro ſerviet mihi, auditu auris obediet mihi.* Les Juifs qui ſans ceſſe étoient avec Jeſus-Chriſt, & qui ne vouloient pas croire en luy, étoient donc bien coupables, & la foy du Centurion bien admirable.

V°. Ajoutez à cela que la foy du Centurion étoit

vive & feconde en bonnes œuvres, tandis que celle des Juifs, semblable à un figuier orné de feuilles, & dépourvu de fruits, étoit languissante & sterile. Car, 1°. Du côté de Dieu, sa Religion paroissoit en ce qu'il avoit édifié un Temple, ou Oratoire aux vrais adorateurs du Seigneur : *Quoniam Synagogam ipse edificavit nobis.* 2°. Par raport à luy-même, sa pieté étoit si reconnuë, que les Juifs même tous envieux qu'ils fussent naturellement, le jugeoient digne de recevoir des graces extraordinaires de Jesus-Christ, & d'en impetrer des miracles : *Rogabant eum sollicitè dicentes ei quia dignus est ut hoc illi præstes.* 3°. A l'égard du prochain il remplissoit parfaitement tous les devoirs de justice & de charité : il aimoit les Juifs, quoyque d'une nation, & d'une religion differente de la sienne, & quoy qu'ils fussent odieux à tout le monde, *quoniam diligit gentem nostram.* Il gouvernoit sagement les soldats qu'il avoit sous ses ordres, & il en étoit fidellement obei, tant son autorité étoit respectée, *habeo sub me milites, & dico huic vadè, & vadit, & alii veni & venit.* Enfin il avoit un soin tout particulier de ses domestiques qui luy rendoient leurs services avec ponctualité. *Et dico servo meo fac hoc, & facit* : Ce qui parut avec éclat dans le malade d'aujourd'huy, car il n'obmit rien pour luy procurer la guerison de cette longue & perilleuse paralysie qui l'avoit reduit à l'extremité ; puisque aprés avoir épuisé tres vrai-semblablement les remedes naturels, il eut recours au Seigneur, il se servit d'intercesseurs auprés de luy, & le pria par eux de rendre la santé à son serviteur ;

Misit ad eum seniores Judæorum rogans eum ut veniret & salvaret servum ejus. Ces secours exterieurs étoient accompagnez d'un cœur plein de tendresse envers eux, & le Texte sacré porte qu'ils luy étoient chers, *Centurionis autem cujusdam servus malè habens erat moriturus qui erat illi pretiosus.* C'est ainsi qu'il accomplissoit par avance ce que saint Paul devoit un jour prescrire aux fidelles : *si quis suorum & maximè domesticorum curam non habet fidem negavit, & est infideli deterior* : De cette façon nôtre Centurion professoit en cela une foy, bien plus sublime que celle des Juifs, qui éclairez depuis si long-temps des vives lumieres de l'Ecriture, les perdoient insensiblement, & se laissoient peu à peu surpasser par les Gentils sortants encore à peine des tenebres de l'infidelité : *Non inveni tantam fidem in Israël.*

VI°. La foy du Centurion fut humble; car sachant que Jesus-Christ venoit le trouver, il envoya ses amis luy dire : Seigneur ne prenez point cette peine : *Domine noli vexari* : je ne suis pas digne que vous entriez sous mon toit : *Non enim sum dignus ut sub tectum meum intres* : & cette raison que je ne suis pas digne que vous veniez à moy, a fait que je n'ay pas osé aller à vous : *Propter quod & meipsum non sum dignum arbitratus ut venirem ad te* : Quelle humilité dans un homme de guerre, élevé en charge & dignité, & qui ne voyoit exterieurement en Jesus-Christ, qu'un homme destitué de toutes les grandeurs humaines ! Ecoutons, s'écrie saint Chrysostome, nous tous qui pretendons recevoir Jesus-Christ, écoutons un Centurion & l'imitons; *audiamus quicunque volumus Christum suscipere, audiamus Centurionem, & imitemur.* Mais quoy, ô humble Centurion, c'est parce que vous ne vous jugez pas digne de recevoir Jesus-Christ, que Jesus-Christ vous juge digne de le recevoir: car protestant que vous ne meritiez pas, ny de recevoir le Seigneur, ny d'en être reçeu, vous avez

Serm. 6. de Verb. Dom. merité l'un & l'autre, ajoute saint Augustin, *dicendo se indignum præstitit dignum:* Vous avez merité, dis-je, de recevoir Jesus-Christ, non dans des murs, ou sous des toits inanimez, mais dans l'étenduë spirituelle de vôtre ame: *non in cujus parietes, sed in cujus cor intraret.* Plus vous vous étes abbaissé, plus comme un vase profond étes-vous devenu capable de recevoir, & de contenir la pretieuse liqueur de la grace qui s'arrete dans les valées, & non sur les hauteurs, plus en

Serm. 47 de temp. étes-vous devenu rempli: *Quantò humilior, tantò capacior, tantò plenior, colles enim aquam repellunt valles implentur.* En effet vous ne refuseriez pas si humblement, ny avec tant de respect & de foy, de recevoir le Seigneur au dehors, si vous n'aviez deja amoureusement

Hom. 6. de Verb. Dom. reçeu le Seigneur au dedans. *Neque enim hoc diceret cum tanta fide & humilitate, nisi illum quem timebat intrare in domum suam corde gestaret.*

C'est ainsi, dit saint Chrysostome, que saint Paul publiant qu'il n'étoit pas digne d'être appellé Apôtre,

S. Chris. Hom. 3. in Math. circ. fin. est devenu le premier de tous: *sic Paulus ait non sum dignus vocari Apostolus ideò omnium primus inventus est:* C'est ainsi que saint Jean reconnoissant qu'il n'étoit pas digne de délier la courroye des souliers de Jesus-

Chriſt, merita d'élever ſa main qu'il jugeoit ſi peu digne, au deſſus de la tête de ce divin Sauveur, *ſic Joannes non ſum idoneus ſolvere corrigiam ejus, & idcirco manum quam indignam calceamenti eſſe dicebat, eam Chriſtus ad caput ſuum ſublevavit.* C'eſt ainſi que ſaint Pierre diſant à Jeſus-Chriſt, retirez-vous de moy, Seigneur, parce que je ſuis un homme pecheur, eſt devenu le fondement de l'Egliſe, *ſic Petrus ait; exi à me, Domine, quia homo peccator ſum, propterea factus eſt Eccleſiæ fundamentum.* C'eſt ainſi que la ſainte Vierge ne ſe qualifiant que la Servante du Seigneur, eſt devenue la Mere de Dieu: c'eſt donc ainſi que le Centurion, diſant qu'il n'étoit pas digne que J. C. entrât ſous ſon toit, en a été fait veritablement digne, & eſt devenu un homme admirable par ſa foy, *ſic Centurio dixit, non ſum dignus ut intres ſub tectum meum, propterea dignus effectus eſt, ſupraque omnes Judæos jure mirabilis*, appellé à cauſe de cela tres éloquemment, par ſaint Hylaire, le Chef & le Prince des Gentils qui devoient croire en Jeſus-Chriſt, *Princeps Gentium crediturarum.* Enfin celuy qui ſe croyoit bien éloigné de recevoir chez luy le Roy des Cieux, eſt devenu digne d'être reçeu dans le Royaume des Cieux, *ita qui ſe indignum recipiendi Chriſtum arbitrabatur, cælo digniſſimus recipi factus eſt*, & de s'aſſeoir à la table des Patriarches & des Prophetes, tandis que les Juifs à qui ce Royaume étoit deſtiné, ſeroient honteuſement chaſſez de la ſalle du Banquet: *Dico autem vobis quod multi ab oriente & occidente venient, & recumbent cum Abraham & Iſaac, & Jacob in Regno Cælorum, filii autem regni*

Hil. c. 1. 7.

ejicientur in tenebras exteriores. Jesus-Christ entra dans la maison du Pharisien, qui l'en avoit convié, mais il n'entra pas dans son cœur; mais pour vous, ô humble Centurion, Jesus-Christ entra dans vôtre cœur, parce que vous n'osâtes pas le convier d'entrer dans vôtre maison. Le Pharisien convia Jesus-Christ à sa table, & Jesus-Christ fit voir en vous quel on doit être pour s'asseoir à la sienne : vous confessâtes en vous abbaissant devant Jesus-Christ, que vous n'étiez qu'un homme : *nam & ego homo sum*, indigne par consequent de recevoir un Dieu chez vous, mais consolez-vous, ce Dieu s'est fait homme afin que vous cessassiez d'être homme, & que vous demeurassiez en Dieu : vous ajoutâtes dans le même esprit que vous étiez soumis à la puissance d'autruy, *sub potestate constitutus*, avant de dire que d'autres étoient soumis à vôtre puissance, *habens sub me milites*; montrant par là que vous preferiez l'obeïssance au commandement, & que vous pouviez dire aprés cela en toute assurance, que vous commandiez à vos inferieurs, puisque vous n'aviez point rougi de dire en premier lieu que vous obeïssiez à vos Superieurs: *& homo sum, inquit, & homo sub potestate agnoscis infirmitatem confiteris subjectionem, jam & te sub te habere milites profitere securus, non erubuit super se potestatem, dignus qui haberet sub se milites, dedit prius honorem præpositis, ut à subditis reciperet.* Telles sont les paroles de saint Bernard charmé de l'humilité de nôtre Centurion.

De mor. & off. Episc. cap. 8. n. 32.

VII°. La foy du Centurion étoit sublime, & lumineuse:

mineuſe : il vid dans Jeſus-Chriſt quelque choſe au deſſus de l'homme, il crut que ce divin Sauveur pouvoit faire des miracles, guerir les malades, rappeller les moribons à la vie, quoiqu'abſent, & éloigné d'eux, & cela d'une ſeule parole : il attribua un pouvoir à Jeſus-Chriſt qui ne convient qu'à Dieu ſeul, dit ſaint Chryſoſtome, *Dei, non hominis, poteſtatem ipſi tribuit* : Que Jeſus-Chriſt n'avoit qu'à commander, & qu'il ſeroit obéi : que la fievre ſe retireroit, la paralyſie, la mort même, en un mot, que tout cederoit à ſes loix. Il n'heſita point comme le pere de cet énergumene, qui diſoit à Jeſus-Chriſt : Seigneur, ſi vous pouvez quelque choſe, ſecourez-nous : *ſi quid potes, adjuva nos, miſertus noſtri* : Il ne preſſa point le Sauveur de venir ſur les lieux, ainſi que fit Jaïrus : venez, afin que ma fille ſoit ſauvée, & qu'elle vive, *veni, ut ſalva ſit, & vivat* : Il ne le conjura point d'entrer chez luy, comme fit ce Prince dont le ſerviteur ſe mouroit à Capharnaum, deſcendez chez moy, je vous prie, luy diſoit-il, avant que mon fils expire : *Rogabat eum dicens, deſcende priuſquam moriatur filius meus* : il ne demanda point la preſence corporelle de Jeſus-Chriſt, ainſi que Marthe & Madeleine, & n'en fit point dépendre la gueriſon de ſon ſerviteur, comme elles, luy diſant, Seigneur, ſi vous aviez été icy, mon frere ne fût pas mort : *Domine, ſi fuiſſes hic, frater meus non fuiſſet mortuus.* Il n'exigea point que le Sauveur mît ſa main ſur le malade pour le guerir, ainſi que le Prince de la Synagogue : venez, luy diſoit-il, imposez vôtre main ſur la tête de ma fille malade, & elle vi-

Hu.

Marc. 9. 21.

vra : *Veni, impone manum tuam super filiam meam, & vivet.* Il ne s'empressa point pour toucher la frange de sa robe, afin d'obtenir cette guerison si desirée, comme avoit fait l'Hemorroïsse, *si tetigero fimbriam vestimenti ejus, salva ero.* Enfin il n'exigea rien de sensible, ny d'exterieur, aucune ceremonie, aucun signe, aucune invocation, ainsi qu'autrefois Naaman, qui disoit, je pensois que le Prophete viendroit à moy, qu'il imposeroit ses mains, & qu'il invoqueroit le nom de
4. R. 5. 11. son Dieu sur moy. *Putabam quòd egrederetur ad me, & stans invocaret nomen Dei sui, & tangeret manu suâ locum lepræ :* Rien de tout cela : nôtre Centurion a une foy bien plus pure & plus éminente : il crut que Jesus-Christ n'avoit qu'à proferer un mot, & que la santé, la maladie, la mort même, & toute la nature respecteroit sa voix : qu'il n'avoit qu'à dire aux creatures, venez, ou retirez-vous, & qu'elles luy obéiroient avec plus de soumission, & de promptitude, que les soldats, & les esclaves n'obéissoient aux ordres d'un Centurion : & par consequent il crut qu'il étoit le Dieu par qui toutes choses ont été faites : *Habeo sub me milites, & dico huic, vade & vadit, & alii, veni & venit, & servo meo, fac hoc & facit :* c'est ce qu'observe saint Ambroise en ces termes : *Christum Dominum esse credidit, cui mors ipsa, & morbi subjiciebantur ut milites sibi, imò etiam multò magis.* Car si moi qui ne suis qu'un homme, & un homme soumis à des superieurs, peus neanmoins commander aux autres, que ne pourrez-vous pas, vous qui étes Dieu, & qui ne dépendez de personne ? *Ego enim homo sum sub potestate con-*

ſtitutus, hoc eſt, tu Deus, ego homo: ego ſub poteſtate, tu verò ſub poteſtate non es: ſi ergo ipſe qui homo ſum, & ſub poteſtate aliena, tot tantaque facilè poſſum efficere; quid eſt quod facere ipſe non poſſis, qui & Deus es, & ſub aliena poteſtate non es? Conſiderez la foy de ce nouveau fidele; élevé au deſſus des choſes preſentes, il prévoit les Myſteres futurs, & non ſeulement il croit, mais il publie & prêche par avance clairement ce qui étoit encore envelopé dans un obſcur avenir: que Jeſus-Chriſt maître du ſort des humains, avoit les clefs de la vie & de la mort, qu'il conduiſoit aux portes de l'enfer, & qu'il en ramenoit, ce qu'il accomplit en luy même, lors de ſa mort & de ſa reſurrection. *Vides fidelem hominem, nam quod futurum erat apertum atque clarum, quòd Chriſtus mortis ac vitæ poteſtatem habeat, quòd ad inferni januas deducat, atque reducat, ipſe multò ante, & animo credidit, & aliis prædicavit.* Mais ce qu'on ne ſçauroit aſſez admirer, continuë toûjours ce même Pere, c'eſt qu'au milieu des ſplendeurs d'une foy ſi vive & ſi brillante, il ait conſervé une ſi profonde humilité, que de ne ſe pas croire digne d'aborder Jeſus-Chriſt, encore moins de le recevoir dans ſa maiſon: *Et tam ſingulari atque admirabili fide, tanta humilitas reſplendebat, ut ſe indignum putaret, &c.* Aprés cela faut-il s'étonner s'il obtint plus qu'il ne demandoit, c'eſt à dire la ſanté corporelle pour ſon ſerviteur, & la vie éternelle pour luy, puiſque le Seigneur, diſant que ceux d'Orient & d'Occident s'aſſeïeront au Royaume des Cieux, & que les enfans en ſeroient exclus, déſigna viſiblement par là les Juifs incredules, & le

Centurion fidelle. *Verùm plura ipsi concessit quàm flagitavit : Corporis namque sanitatem Filio, regnum cælorum ipsi præbuit, &c.* Pour moy, ajoute encore saint Chrysostome, tout ravi d'admiration, j'estime infiniment plus la foy de ce Centurion, que celle de ces quatre hommes qui découvrirent le toit de la maison où Jesus-Christ prêchoit, & qui descendirent devant luy un Paralytique, afin qu'il le guerît : car le Centurion ne fit point transporter, comme eux, son malade au Sauveur, puisqu'il luy envoya dire : Seigneur, pourquoy vous fatiguer ? vous n'avez qu'à parler, & quoy que vous soyez absent de nous, quoy que mon domestique malade soit éloigné de vous, il sera aussitôt gueri. *Itaque multò profectò majorem istius quàm eorum qui per tectum emiserunt Paralyticum, fidem arbitror, quia enim non dubitabat vel solo Domini verbo jacentem excitari posse, idcircò deportandum non putavit.* Pourquoy donc paroîtroit-on surpris, si le Sauveur entendant le discours du Centurion, témoigna de l'admiration, *quo audito, Jesus miratus est*, & si se retournant vers les troupes de peuples qui le suivoient, dans lesquelles nous étions compris, il leur dit, en verité, je vous dis que je n'ay pas trouvé tant de foy en Israël : *& conversus sequentibus se dixit, amen dico vobis, non inveni tantam fidem in Israël* : Je n'en ai pas tant trouvé, non seulement dans le peuple Juif, mais dans les Levites, les Prêtres, les Pontifes, les enfans d'Israël, les successeurs des Prophetes & des Patriarches : c'est pourquoy je vous dis, que plusieurs viendront d'Orient & d'Occident, & s'asseoiront avec Abraham, Isaac & Jacob, dans le Royaume des Cieux, & que les enfans du Royaume seront chassez dehors dans les tenebres exterieures; là il y aura des larmes & des grincemens de dents. *Dico autem vobis quòd multi ab Oriente & Occidente venient, & recumbent cum Abraham & Isaac & Jacob, in Regno Cœlorum, filii autem Regni ejicientur in tenebras exteriores, ibi erit fletus & stridor dentium.* Il est vray que le Seigneur lors de la création de l'Univers, & de la formation des Astres & des Cieux, regarda d'un œil d'approbation ces grands ouvrages de sa sagesse & de son pouvoir; mais il n'est point écrit qu'il les admira, *nihil est mirabile in conspectu ejus*, dit le Sage: son admiration étoit reservée à la foy du Centurion, plus lumineuse & plus brillante que celle du Soleil & des Astres, & jugée un ouvrage de son amour & de sa grace, plus excellent que ceux de sa Toute-puissance. Ce juste Juge donna par avance des loüanges au Centurion, lesquelles il a reservées pour les autres fidelles au dernier jour du Jugement; & ce fut ainsi que la foy du peuple Gentil, en la personne du Paralytique, l'emporta sur la foy du peuple Juif en la personne du Lépreux, dit saint Jerôme: plaise au Seigneur qu'elle ne diminuë pas parmi nous: *In Centurione fides gentium præponitur Israëli.*

Eccli. 39. 15.

Hie.

Et afin de faire voir cette foy triomphante dans l'Eglise, finissons cette Homelie par une Histoire qui s'est conservée dans les monumens les plus assurez de l'antiquité, & admirons cette foy, non dans un homme seul, mais dans un peuple entier; non dans des Ministres sacrez, mais dans une legion de soldats,

Acta Mart.

& apprenons que toute ſorte de profeſſions ſont capables d'en donner les plus illuſtres preuves.

SOus l'Empire de Maximien Hercule, collegue de Diocletien, le peuple Chrêtien ſe vit en pluſieurs Provinces déchiré dans les tourmens, & immolé par le Martyre. Car cet Empereur n'étoit pas un moindre monſtre en avarice, en luxure, en cruauté, & en toutes ſortes de vices, qu'en idolatrie & qu'en impieté envers le Dieu du Ciel. Il s'étoit armé à deſſein d'éteindre le nom Chrêtien de deſſus la terre. Deſlors qu'on découvroit quelqu'un qui fit profeſſion du Chriſtianiſme, auſſi-tôt les ſoldats alloient les enlever pour les faire perir dans les tourmens : & comme ſi ce Prince eût voulu donner treve aux Barbares, il ne ſongeoit qu'à abolir la Religion du vray Dieu. Il avoit dans ſon armée une legion entiere de ſoldats appellez Thebéens, composée de ſix mille ſix cens hommes, venus d'Orient à ſon ſecours, tous gens braves & experimentez dans la guerre, illuſtres par leur Nobleſſe, & par leur vaillance, mais encore plus par leur foy, & par leur amour pour Jeſus-Chriſt, & qui ſe ſouvenant au milieu même de la licence des armes, du commandement de l'Evangile, rendoient à Ceſar ce qui étoit à Ceſar, & à Dieu ce qui étoit à Dieu. Deſtinez auſſi bien que les autres troupes à la perquiſition des pauvres Chrêtiens, eux ſeuls de toute l'armée refuſerent d'obeïr à cet ordre injuſte, & à être les miniſtres d'une telle impieté. Maximien averti de ce refus, & que cette legion s'étoit campée ſeparément, s'abandonne à la fureur, il commande qu'on la decime, eſperant par là intimider le reſte. Cet ordre executé, il renouvelle ſon commandement, & veut obliger les autres à aller à la pourſuite des Chrêtiens. Ces genereux ſoldats reſiſtent encore une fois, & proteſtent tous d'une voix qu'ils ne veulent point ſervir à un ſi ſacrilege deſſein; qu'ils déteſtent les idoles; qu'ils profeſſent une religion toute ſainte; qu'ils adorent un ſeul Dieu éternel; qu'ils ſont prêts de ſouffrir toutes ſortes de ſupplices plûtôt que de renoncer à la foy chrêtienne. Maximien apprenant leur reſolution, plus inhumain qu'une bête feroce, reprend ſon eſprit ſanguinaire, il ordonne une ſeconde decimation, & que l'on contraigne toûjours le reſte à ſe ſoumettre à ſa volonté. On egorge ces victimes, tandis que les autres s'exhortent à demeurer fermes dans leur reſolution.

Parmy ceux qui inſpiroient ce courage à ces ſoldats Chrêtiens, *Maurice*, un de leurs principaux Officiers, ſe diſtinguoit par ſon zele, & ſecondé d'Exupere & de Candide, il leur repreſentoit les engagemens du Chriſtianiſme; l'exemple de leurs compagnons déja couronnez de la gloire du Martyre; l'obligation qu'ils avoient de mourir pour Jeſus-Chriſt, pour le maintien de la foy, & pour l'obſervation des loix de Dieu. L'ardeur du martyre s'allumoit dans le cœur de ces genereux Athletes, qui embraſez de ce feu celeſte, députent vers Maximien, & luy font ſçavoir leurs diſpoſitions en ces termes.

Nous ſommes vos ſoldats, ô Empereur, mais nous

confessons librement que nous sommes aussi les serviteurs de Dieu. Nous vous devons le service militaire, mais nous luy devons une conscience pure. Nous recevons de vous la paye qui nous fait vivre; mais nous tenons de luy la vie même que nous respirons. Nous ne devons pas tellement condescendre à vos volontez, que nous devions violer les loix de celuy qui est & nôtre Créateur, & le vôtre aussi, malgré que vous en ayez : Si vous ne voulez pas pousser vôtre authorité, jusqu'à nous contraindre de l'offenser, nous nous soumettons à vos ordres, sinon nous luy obéirons preferablement à vous : nous offrons d'aller combattre contre les ennemis, mais nous ne pouvons nous resoudre à soüiller nos mains d'un sang innocent. Nous avons toûjours regardé la justice & la pieté comme la plus digne recompense des perils où la guerre nous expose. Mais quel moyen d'employer le fer contre le Citoyen soumis & religieux ? comment serons-nous fideles à nôtre Empereur, si nous sommes infideles à nôtre Dieu ? si nôtre premier serment ne suffit pas pour nous contenir dans le devoir, & nous faire garder ses loix, le second nous retiendra-t-il, & nous obligera-t-il à garder les vôtres ? vous nous commandez de traîner devant vous les Chrétiens, pour les exterminer, n'allez pas plus loing, n'en faites pas chercher d'autres, nous voicy tous trouvez : nous faisons profession de croire un Dieu Pere & Créateur de toutes choses, & son Fils Jesus-Christ, aussi-bien qu'eux. Nous avons vû passer par le tranchant de l'epée les compagnons de nos travaux & de

nos

nos perils, & leur ſang a rejailli ſur nous ; cependant nous n'avons point pleuré la mort de ces tres-ſaints freres, nous ne les avons pas plaints : au contraire nous leur avons donné des loüanges, nous nous ſommes réjoüis de leurs victoires, nous les avons eſtimez heureux de s'être trouvez dignes de ſouffrir pour Dieu. La dure neceſſité où vous nous reduiſez en nous raviſſant la vie, ne nous a pas engagez à la revolte, & le deſeſpoir même qui porte les hommes à tant d'extremitez, n'a pû, ô Empereur, nous obliger à rien entreprendre contre vous. Nous tenons le fer à la main, & nous nous laiſſons égorger ſans reſiſtance, aimant mieux perdre la vie, que de l'ôter, & mourir innocens, que de vivre coupables. Que ſi vôtre colere n'eſt pas encore ſatisfaite, ſi vous meditez contre nous de nouvelles peines & de nouveaux ſupplices, nous voici prêts à les recevoir, n'épargnez ny le fer ny le feu, ny toute ſorte de tourmens. Nous ſommes diſpoſez à les endurer. Nous avoüons que nous ſommes Chrêtiens, nous ne ſçaurions nous reſoudre à perſecuter les Chrêtiens.

Maximien ayant ouy ce diſcours, & reconnoiſſant leur inviolable attachement au ſervice de Jeſus-Chriſt, ne ſongea plus à ébranler leur conſtance qui luy parut inſurmontable. Il les condamne tous à la mort par un même Arrêt. Il les fait enveloper par ſon armée. Les troupes s'avancent le fer à la main. Les impies environnent les Saints, pour leur ôter une vie qu'ils n'aiment pas, & qu'ils donnent ſans peine. On les paſſe au fil de l'épée, ils tombent ſans ſe plaindre, ſans jetter un ſoupir, ſans ſe défendre. Ils mettent les armes bas, & préſentent leur tête, ils tendent le col, ils découvrent leur poitrine pour recevoir le coup. Ils ne ſe prévalent point de leur multitude capable d'une juſte défenſe, ils ne regardent point les armes qu'ils ont entre les mains, ils ne ſongent point à défendre la juſtice de leur cauſe par la force, ils ne s'occupent que de celuy pour lequel ils répandent leur ſang, ils penſent qu'ils font profeſſion de croire en celuy qui s'eſt laiſſé mener à la mort ſans murmurer, & qui comme un agneau, n'a pas ouvert la bouche: Ils ſe conſiderent comme les brebis de ce Bon Paſteur, qui ne peuvent que ſe laiſſer déchirer aux Loups. La terre eſt en un moment couverte des corps de ces ſaintes Victimes, & les ruiſſeaux de ſang découlent de toutes parts. Quelle rage a jamais fait de ſang froid, & hors le temps de guerre, un tel carnage? Quelle barbarie a jamais condamné tout à la fois à la mort, non tant d'innocens, mais tant de criminels? on ne conſidera point qu'il eſt, & contre la juſtice de faire perir une multitude, de peur d'enveloper l'innocent avec le coupable; & contre la politique, de ſe venger de la multitude, qui porte avec elle ſon pardon. La cruauté de ce Tyran trouva digne d'elle de s'aſſouvir du meurtre d'un peuple entier. Heureux Martyrs en qui l'eſperance des biens futurs fit ſi genereuſement ſacrifier l'amour des biens preſens? Heureuſe legion de ſoldats qui alla accroître dans le Ciel le nombre des legions Angeliques, qui forment la milice du grand Dieu des Armées.

FIN.

CATALOGUE

Des Livres nouveaux imprimez, & qui se vendent chez RAYMOND MAZIERES, *Libraire, ruë Saint Jacques, à la Providence, prés la ruë de la Parcheminerie, à Paris*, 1708.

De Monsieur DE LA CHETARDIE, *Curé de Saint Sulpice de Paris.*

HOmiliæ in Evangelia, in quatuor partes divisæ, complectentes expositiones Evangeliorum quæ Dominicis aliisque anni diebus leguntur, in 12. 4. vol. 8. l.

Recueil d'Homelies pour les Dimanches & Fêtes, & autres jours de l'année, in quarto, 2. vol. 12. l.

Catechisme de Bourges, sixiéme Edition, revûë & augmentée, in 12. 4. vol. 8. l.

Abregé du Catechisme de Bourges, in 12. 1. l.

L'Apocalypse expliquée par l'Histoire Ecclesiastique, quatriéme Edition, revûë & augmentée de plusieurs Notes & Figures, in quarto, 7. l.

Ecclesiasticæ Jurisdictionis Vindiciæ, adversus Caroli Fevreti, & aliorum Tractatus de Abusu, susceptæ ab ANTONIO DADINO ALTESSERA, utriusque Juris Professore, & Decano Universitatis Tolosanæ, in quarto, 5. l.

Sentimens d'un Chrétien touché d'un veritable amour de Dieu, tirez de divers passages de l'Ecriture sainte, & representez par quarante-six Figures en taille-douce, par un Solitaire de Sept-Fonts, in 12. 1. l. 10. s.

www.ingramcontent.com/pod-product-compliance
Ingram Content Group UK Ltd.
Pitfield, Milton Keynes, MK11 3LW, UK
UKHW021818190726
13853UKWH00003B/1036